I0473342

FREE PERIOD

UN LIVRE DE COLORIAGE PLEIN DE MOTIFS

Lora DiFranco
Ali Forbes
Erin Guido
Joe Lanzilotta

www.freeperiodpress.com
#freeperiodpress

ISBN 978-0-9909144-5-7

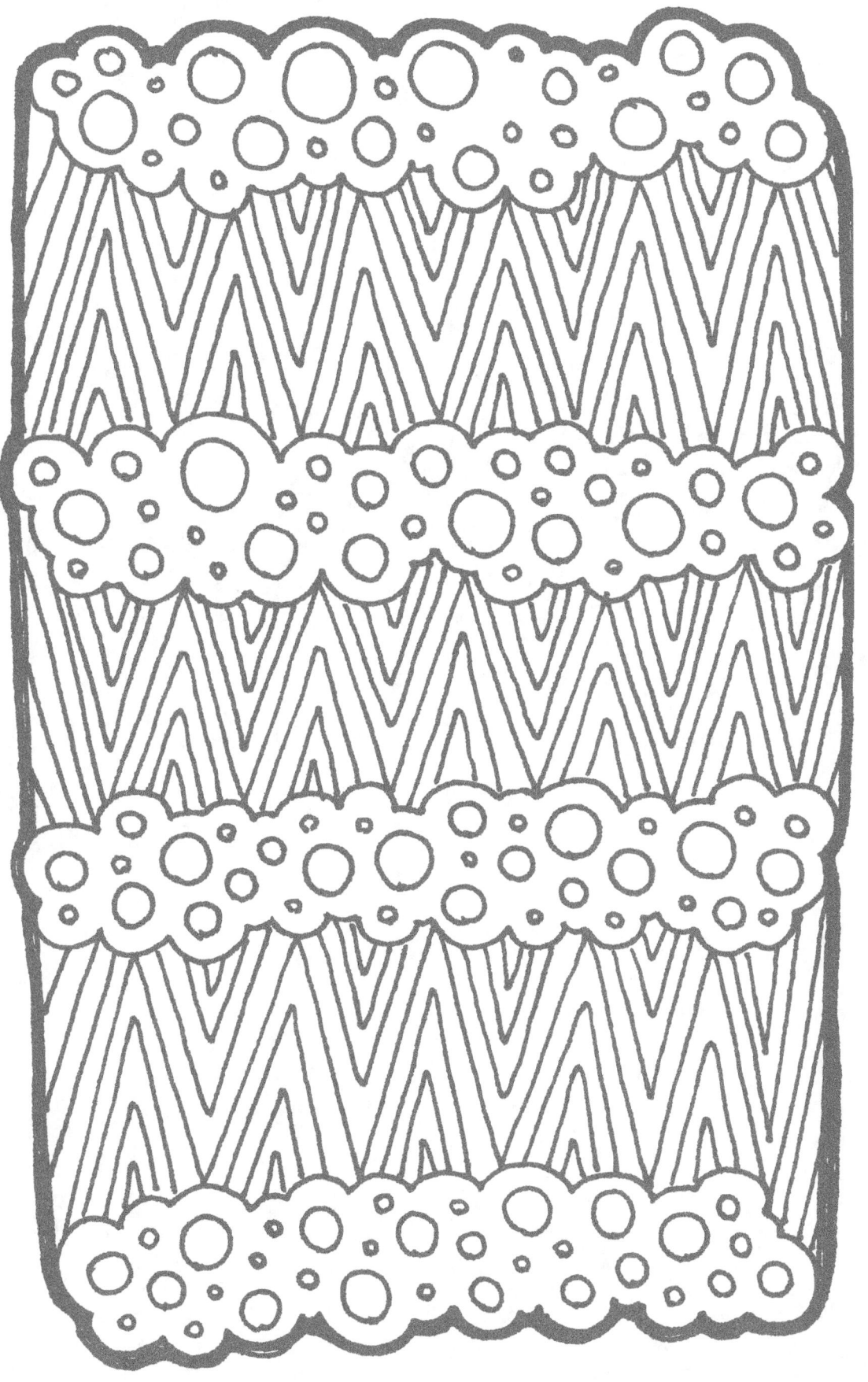

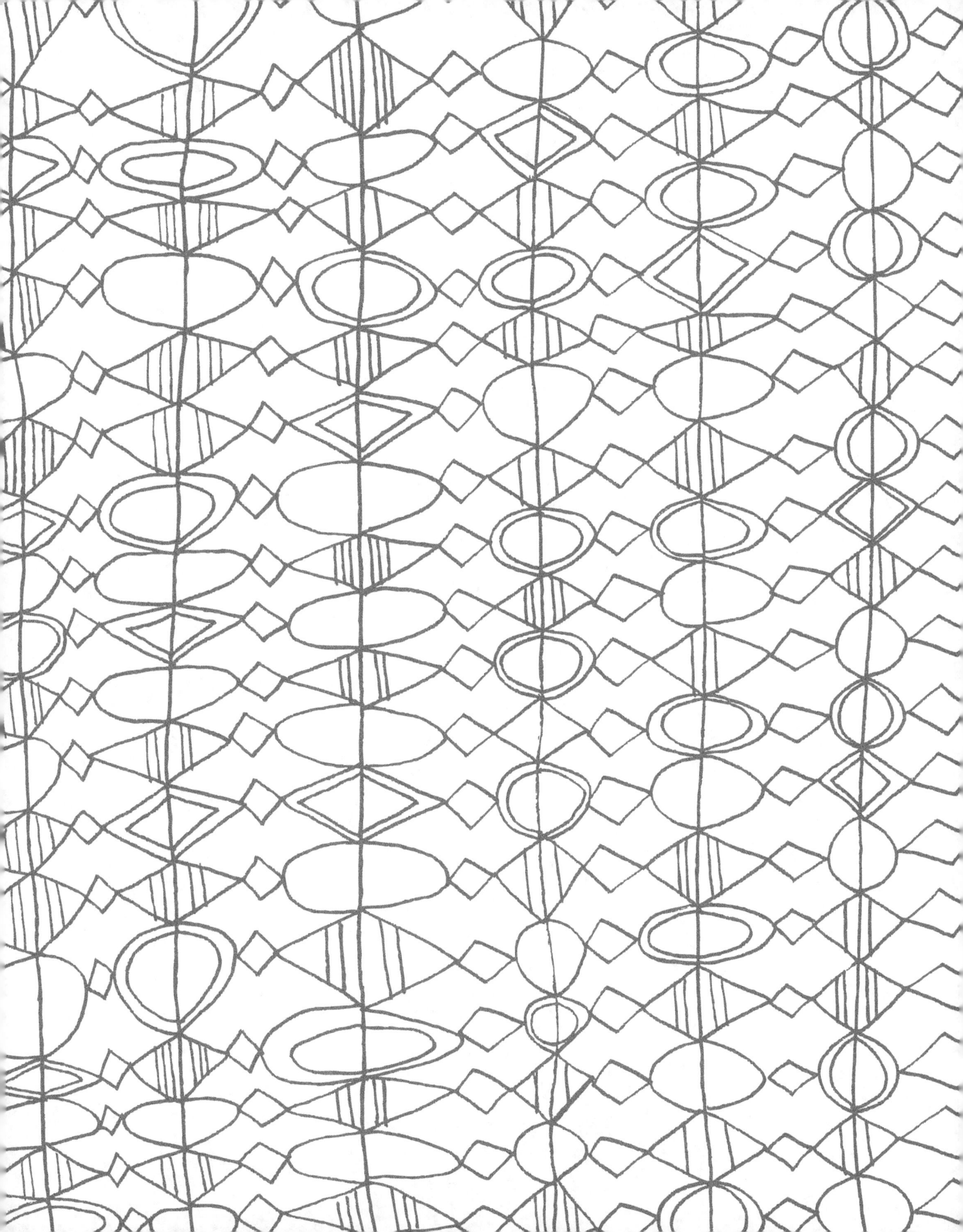

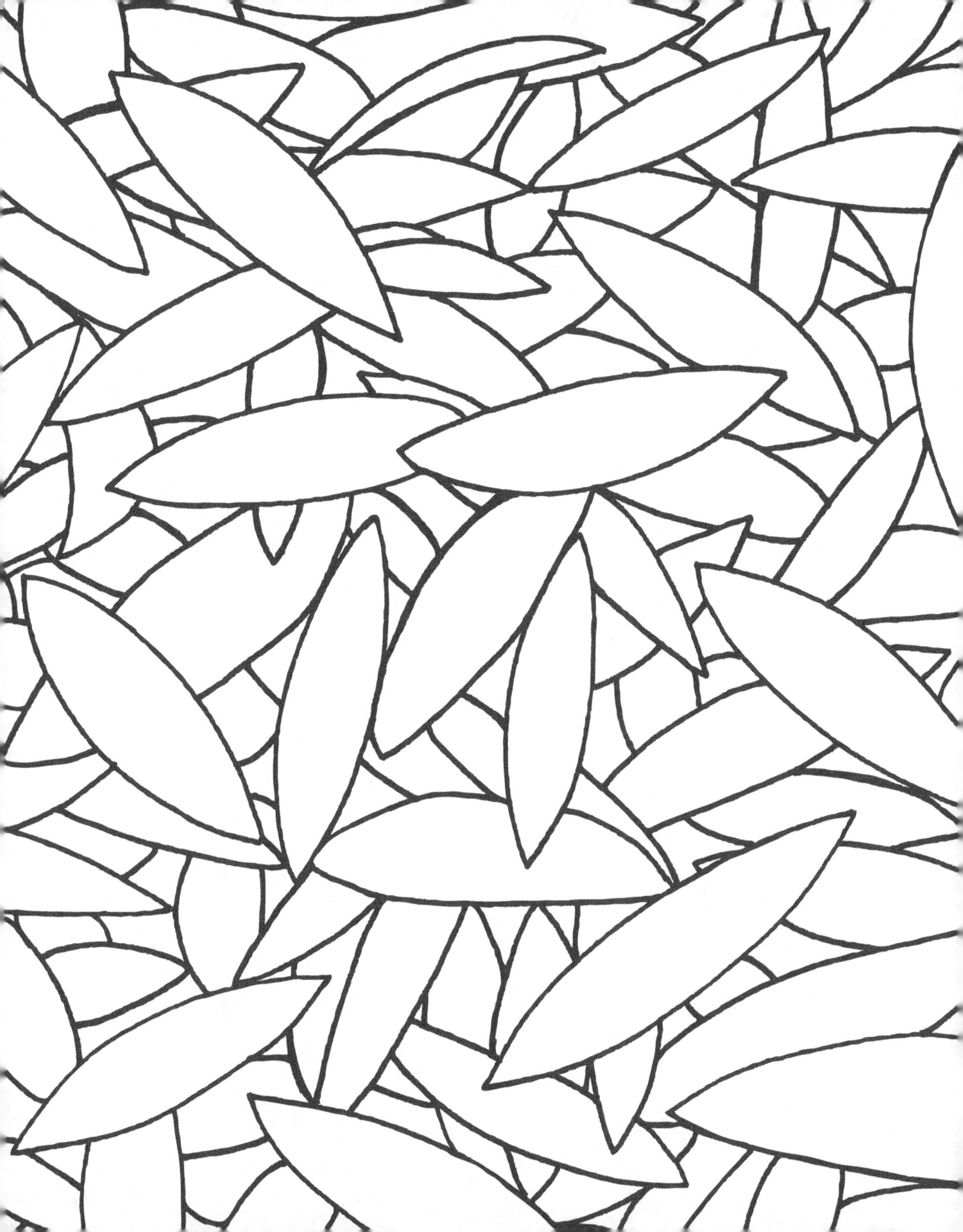

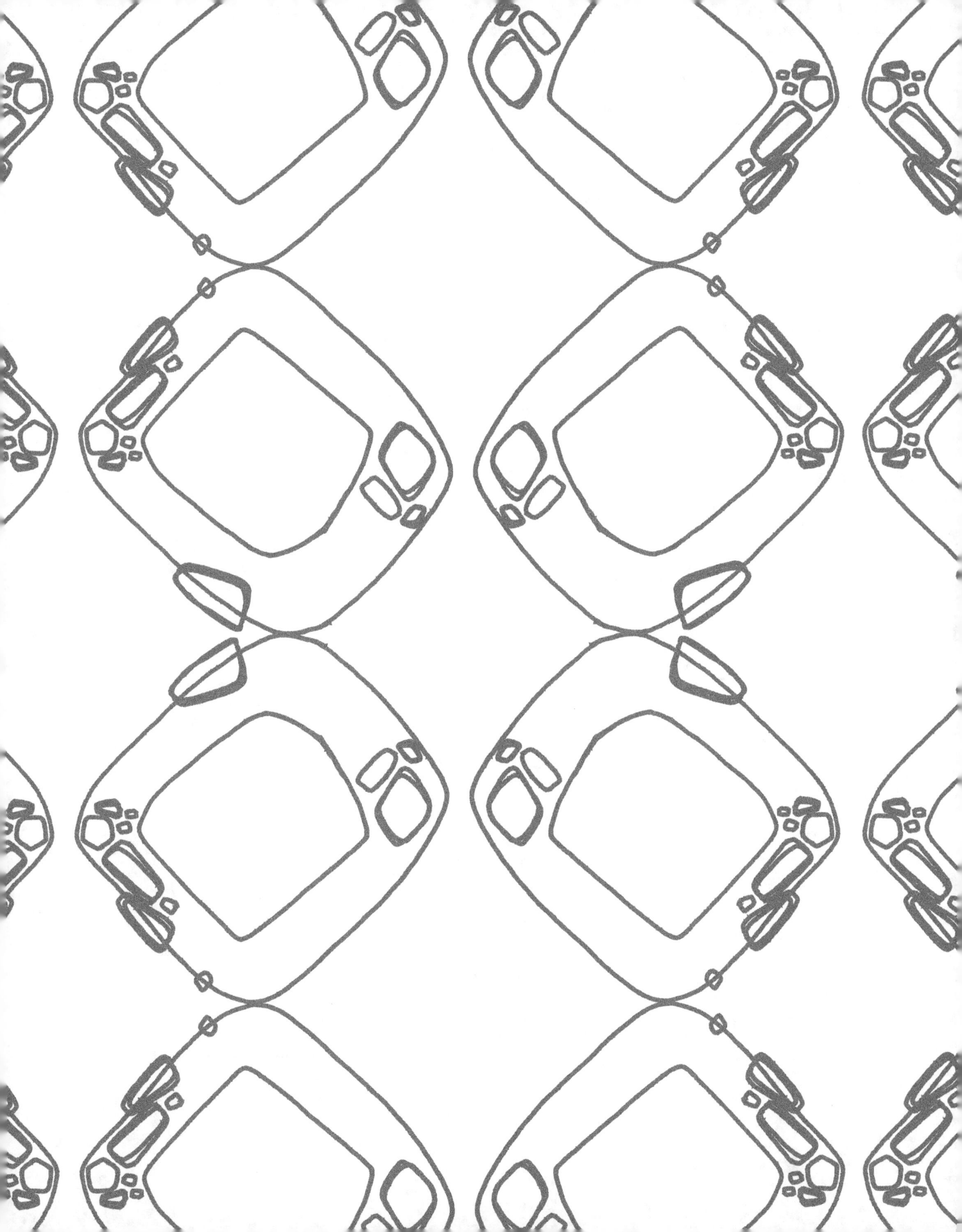

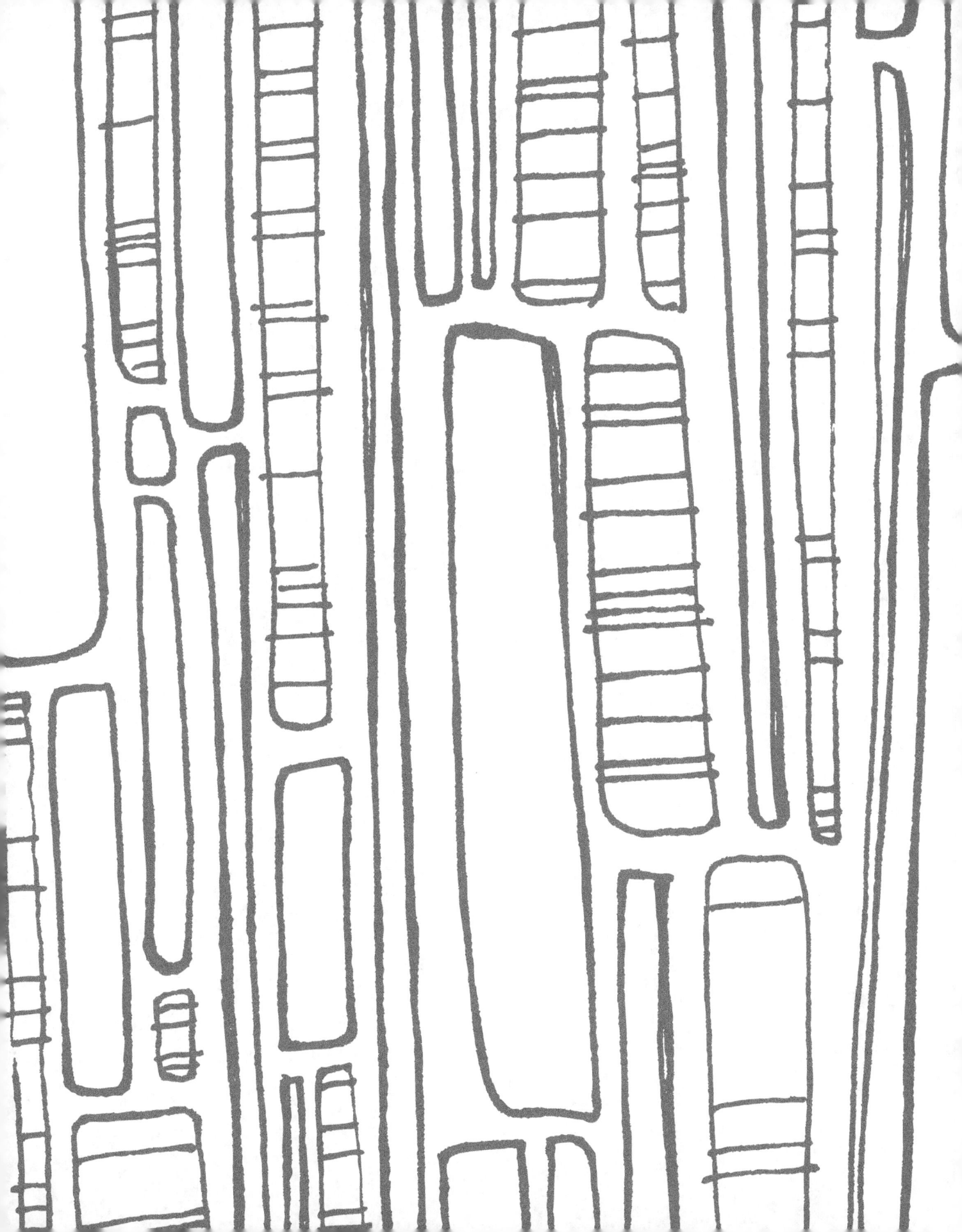

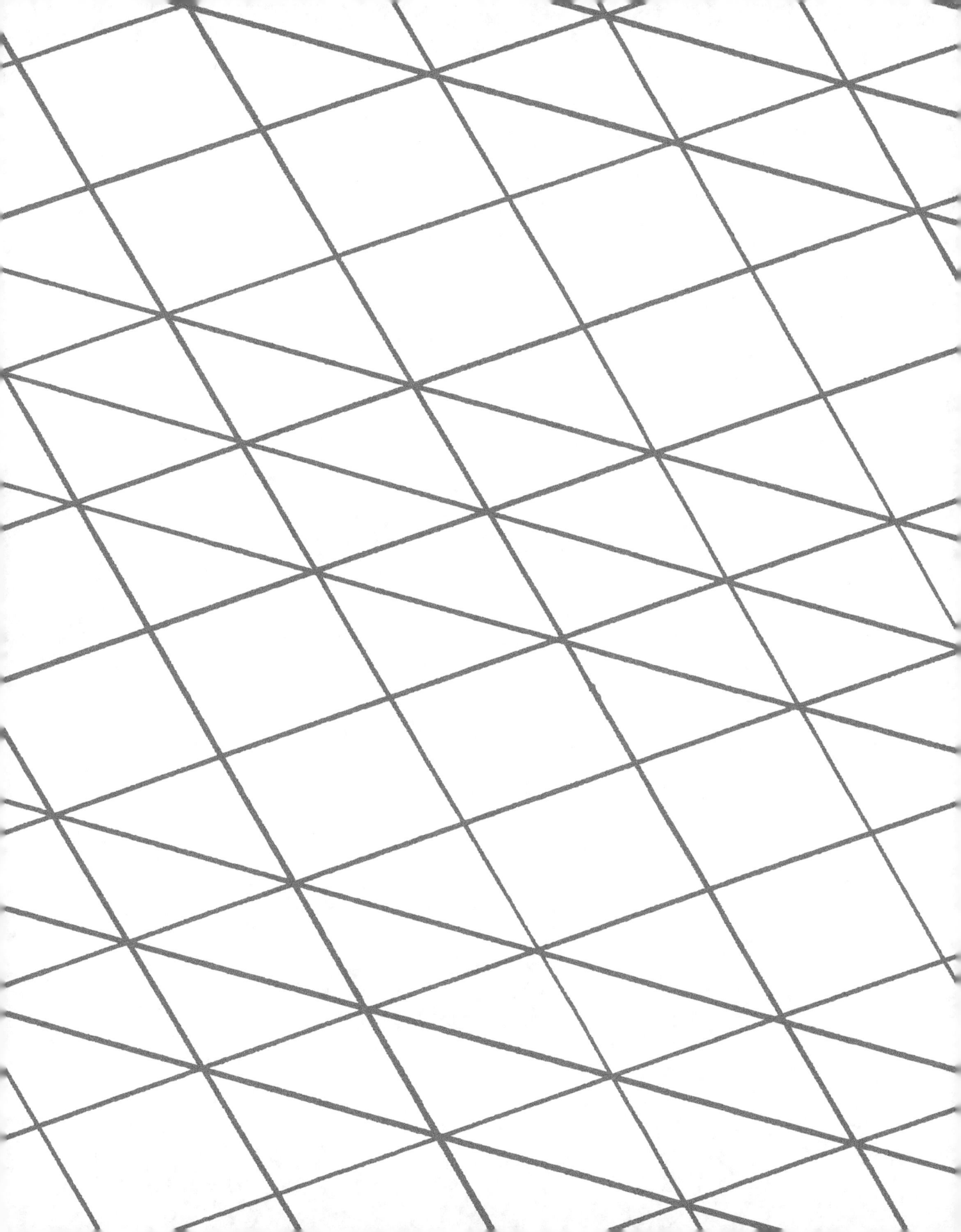

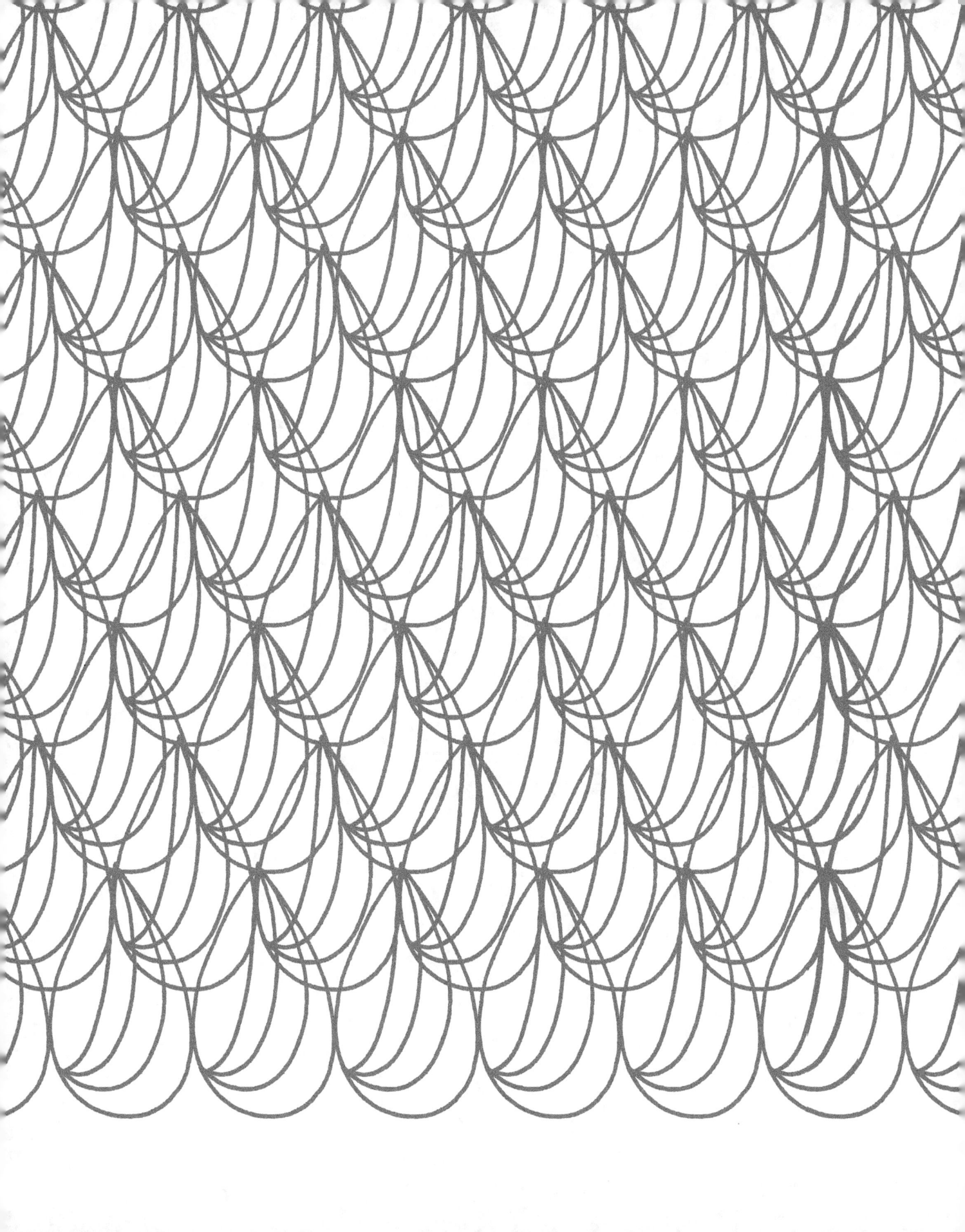

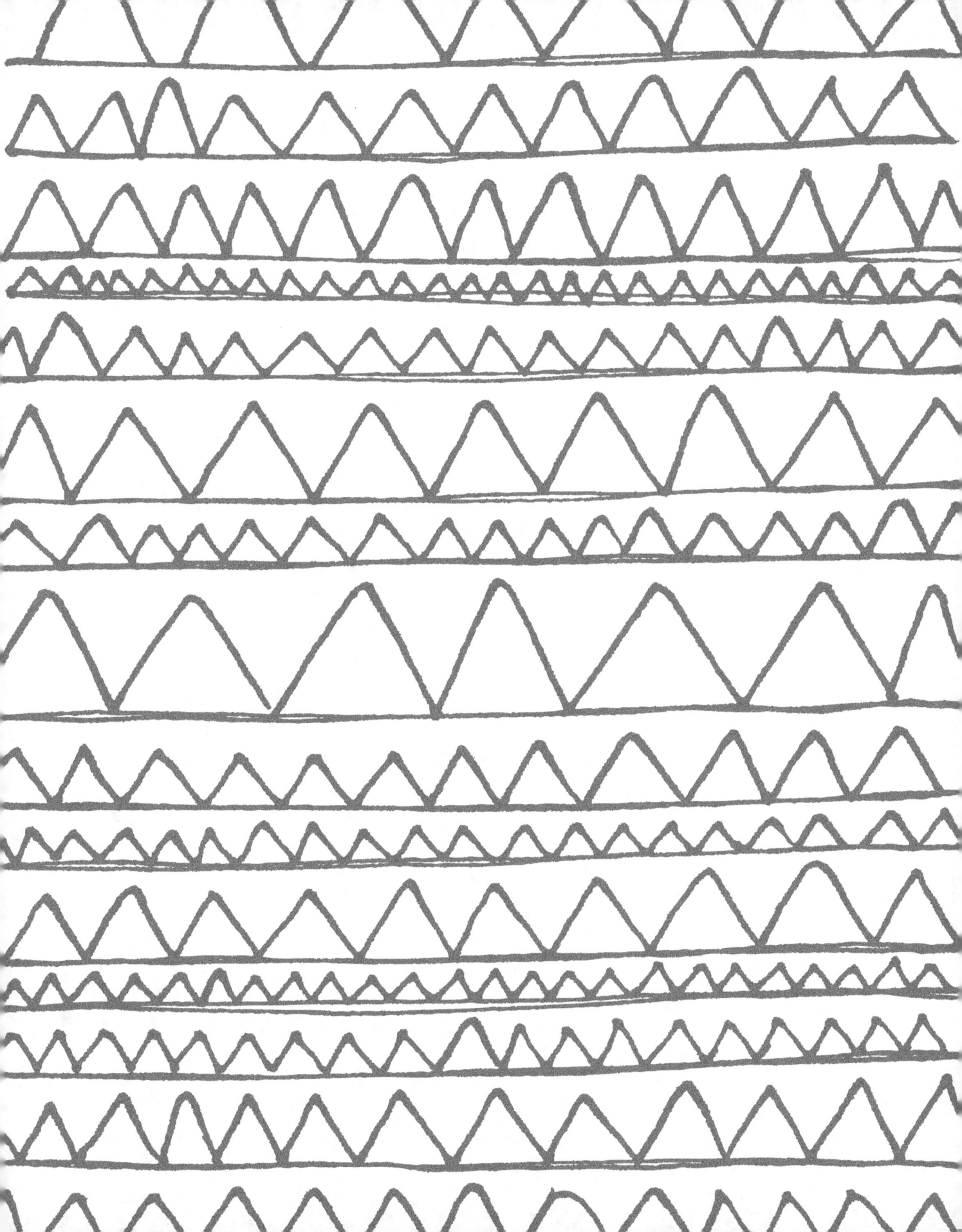

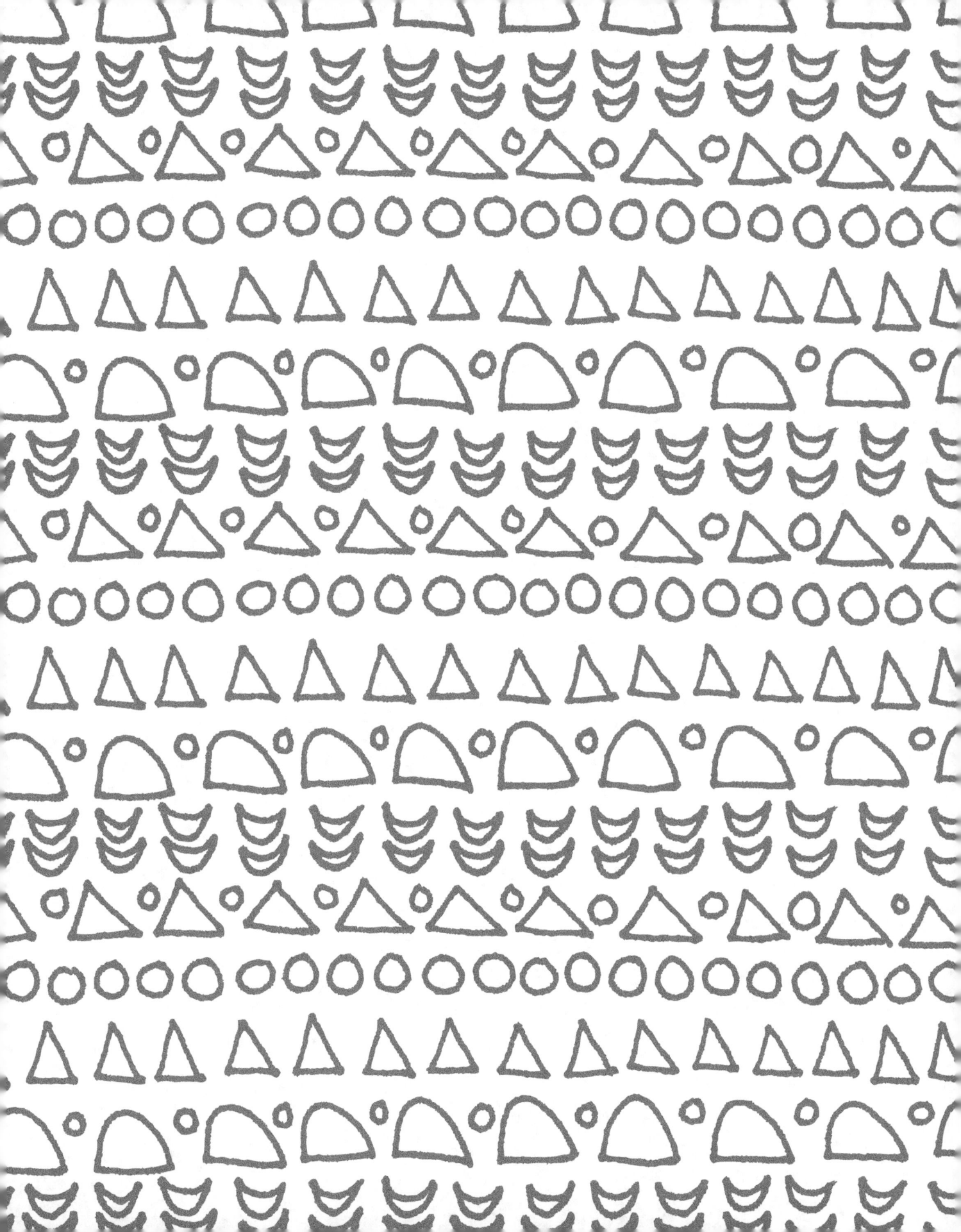

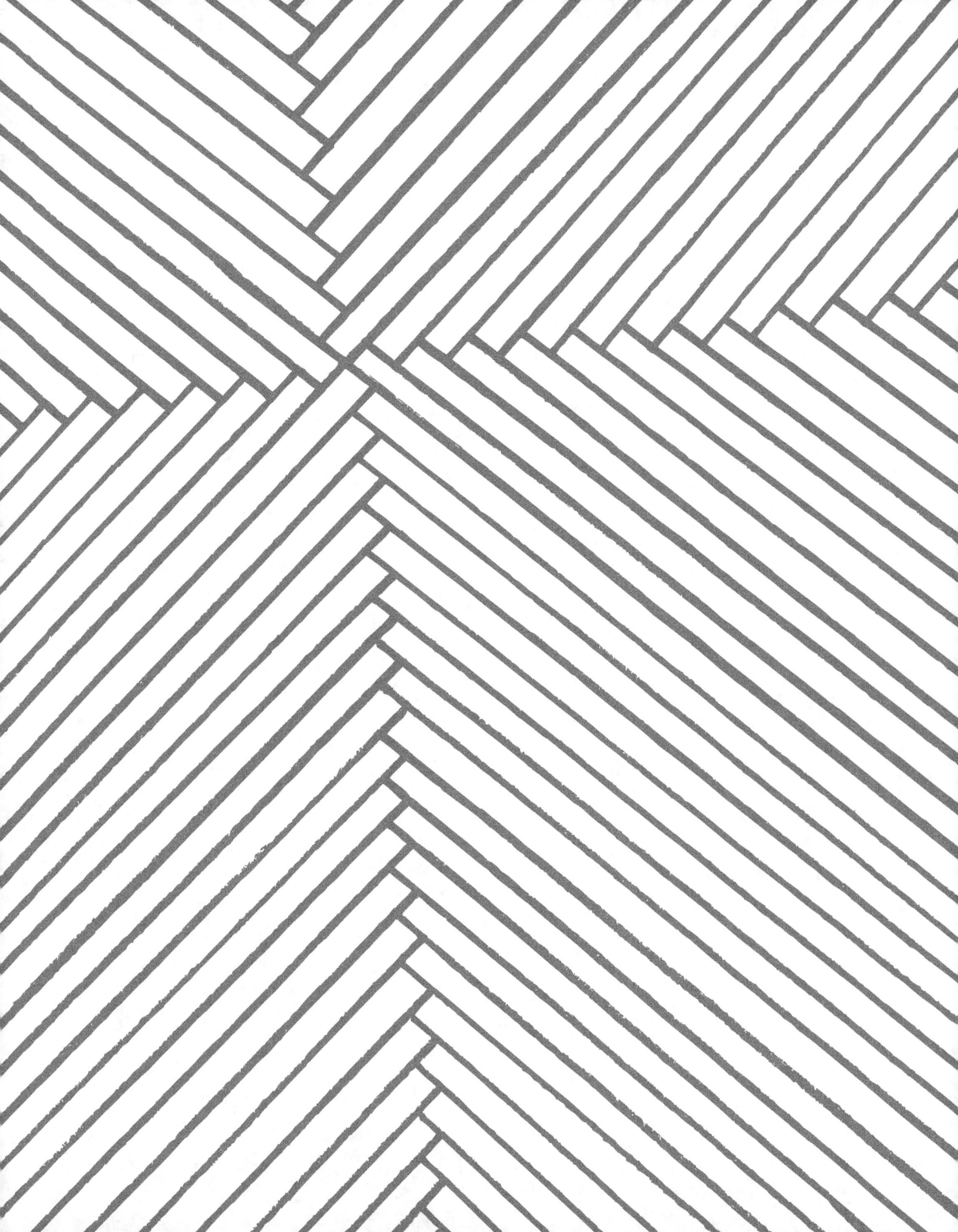

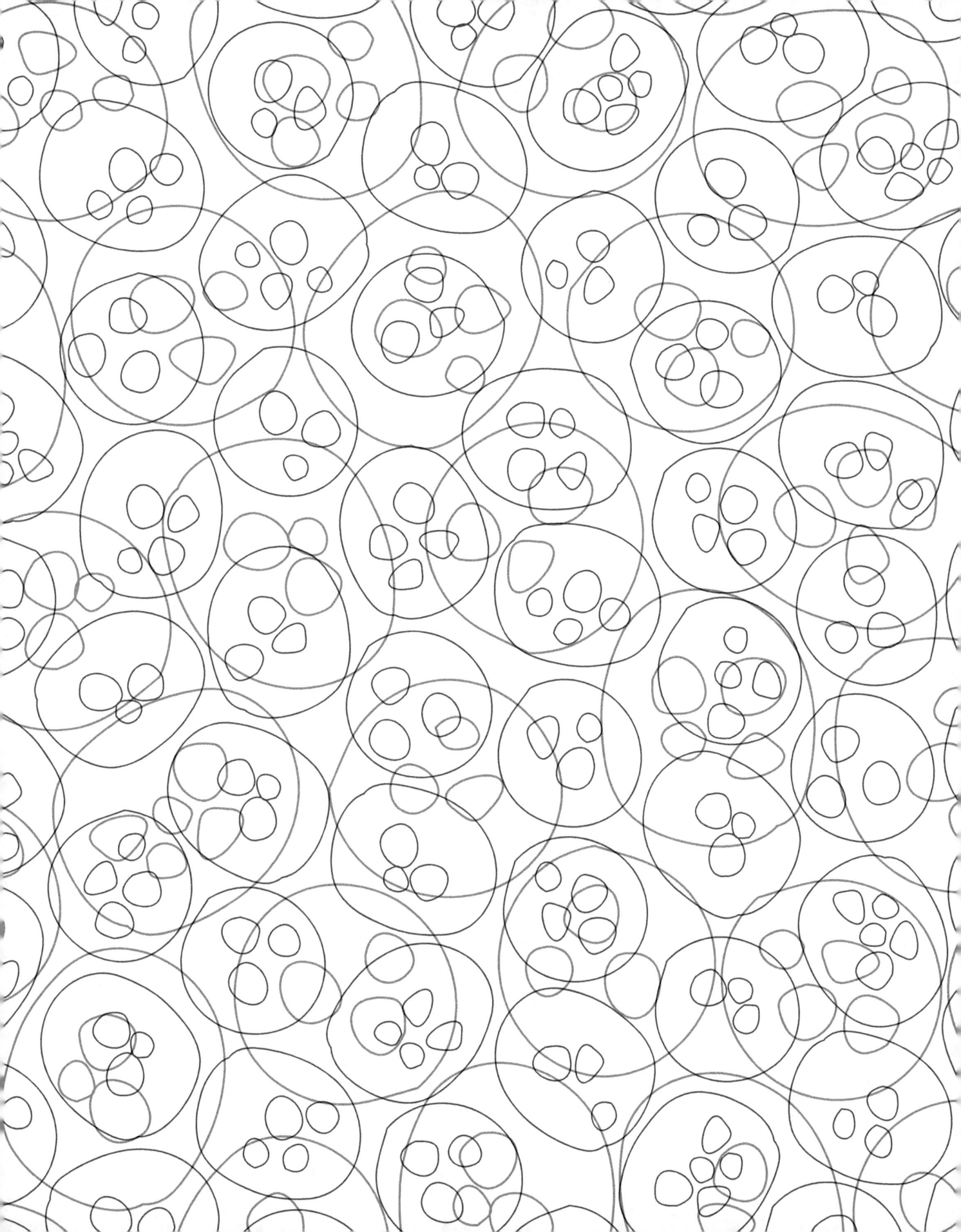

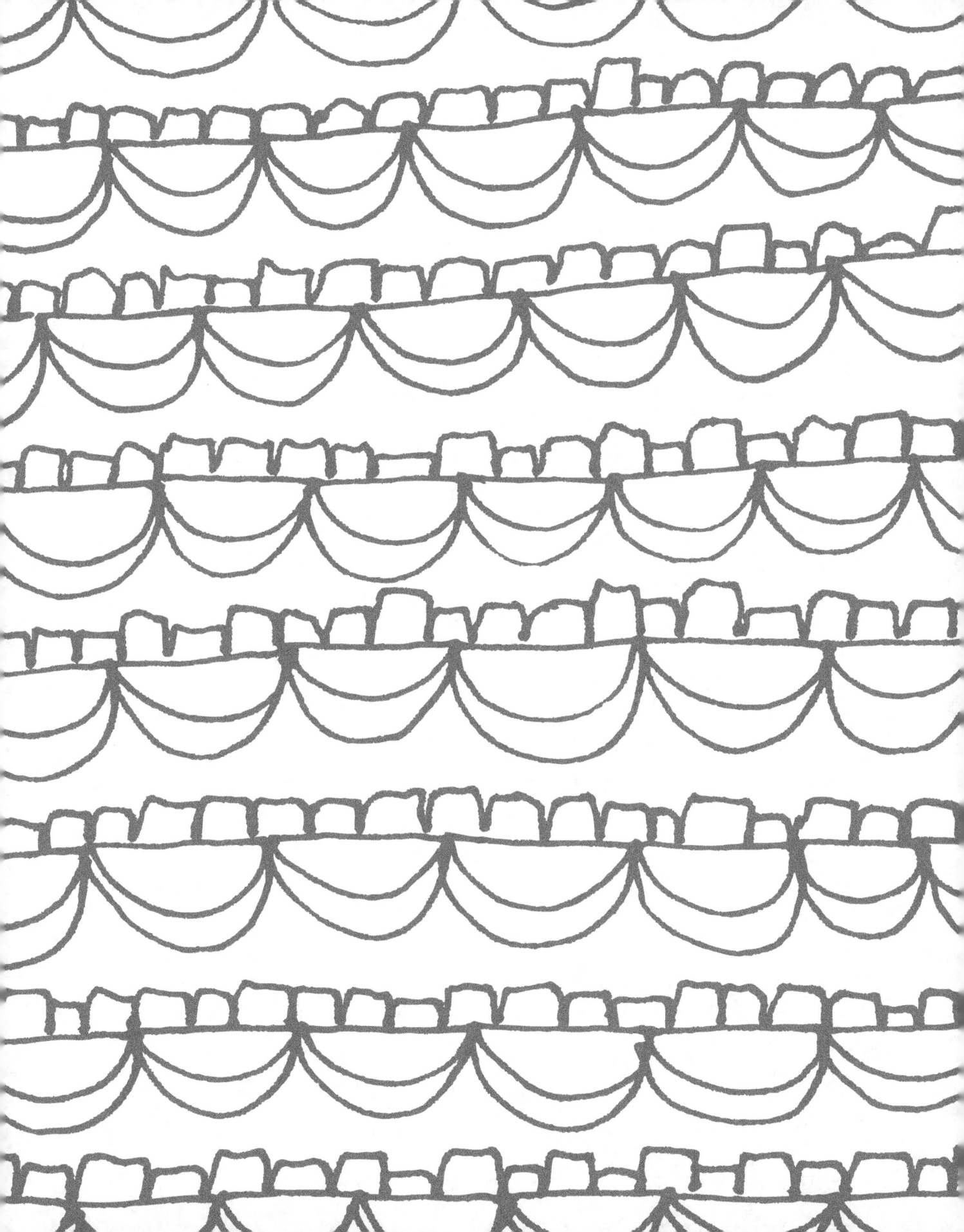

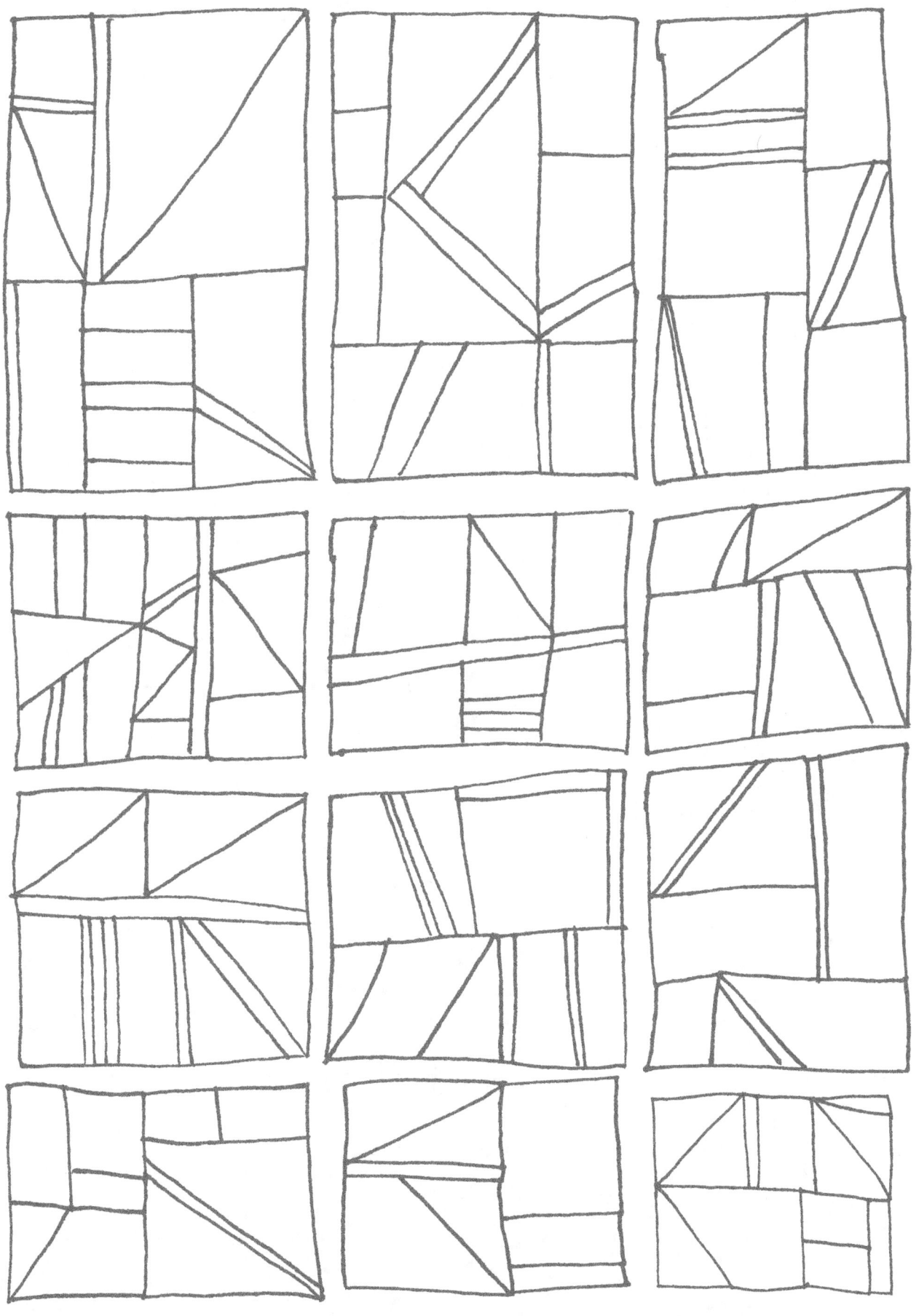

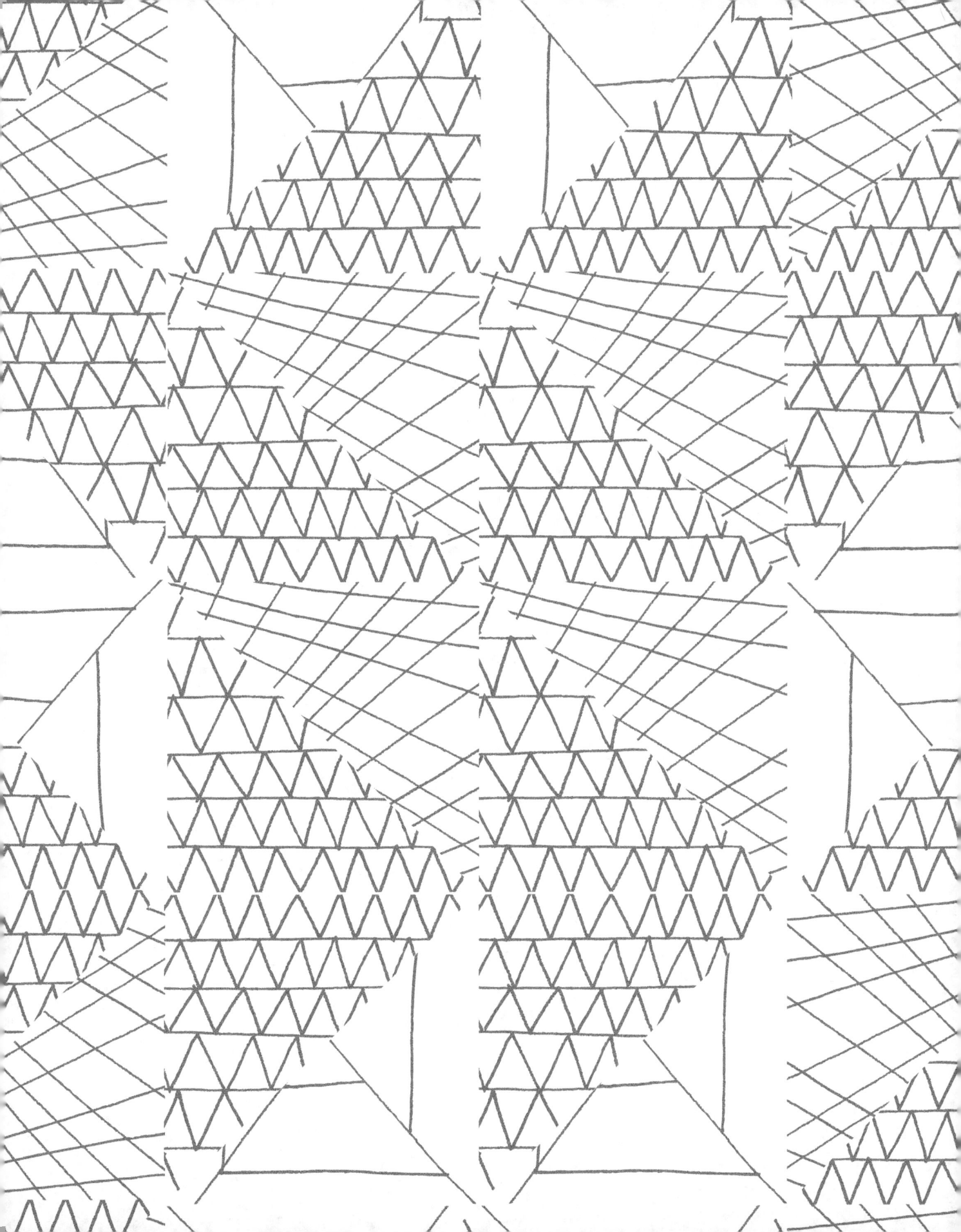

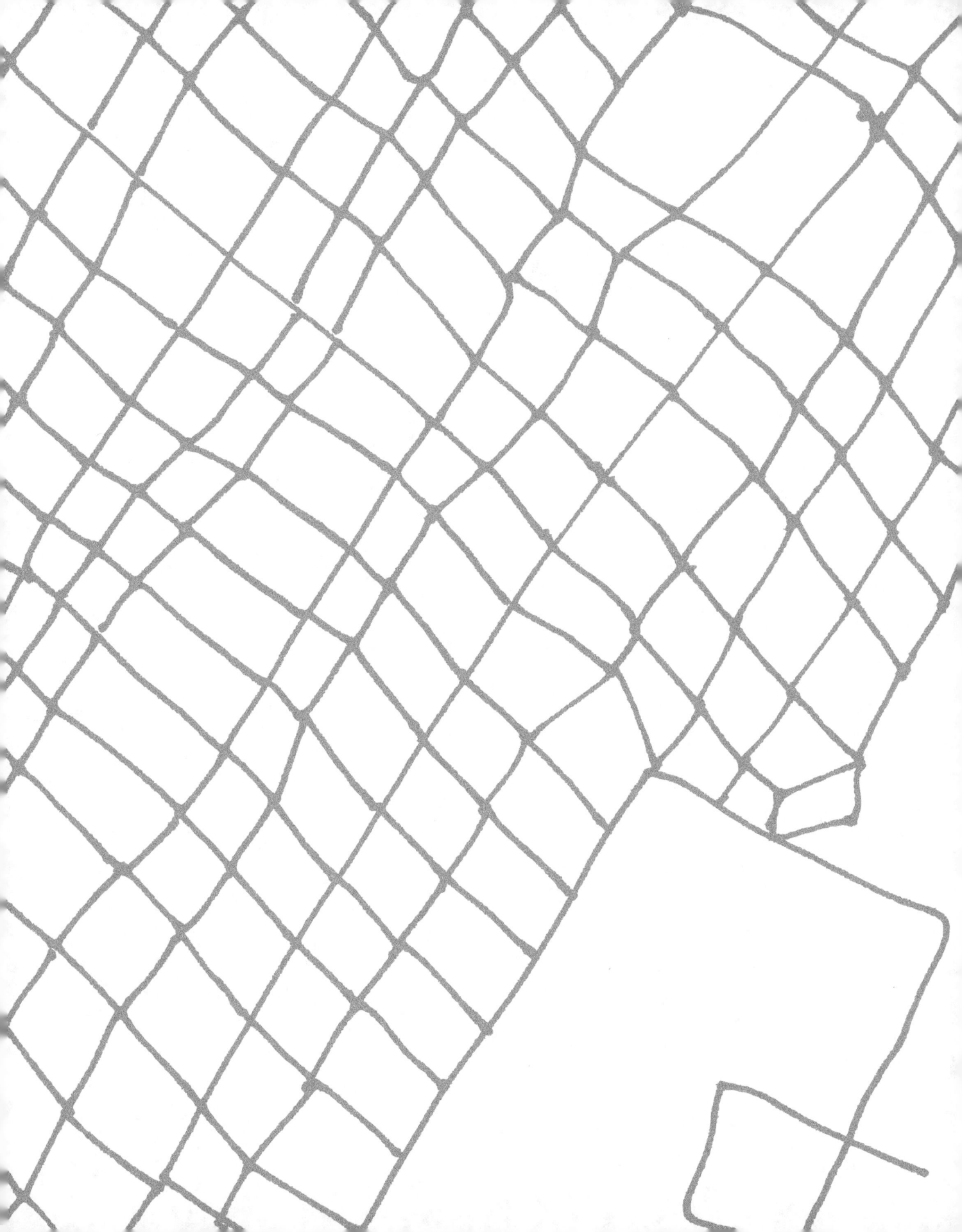

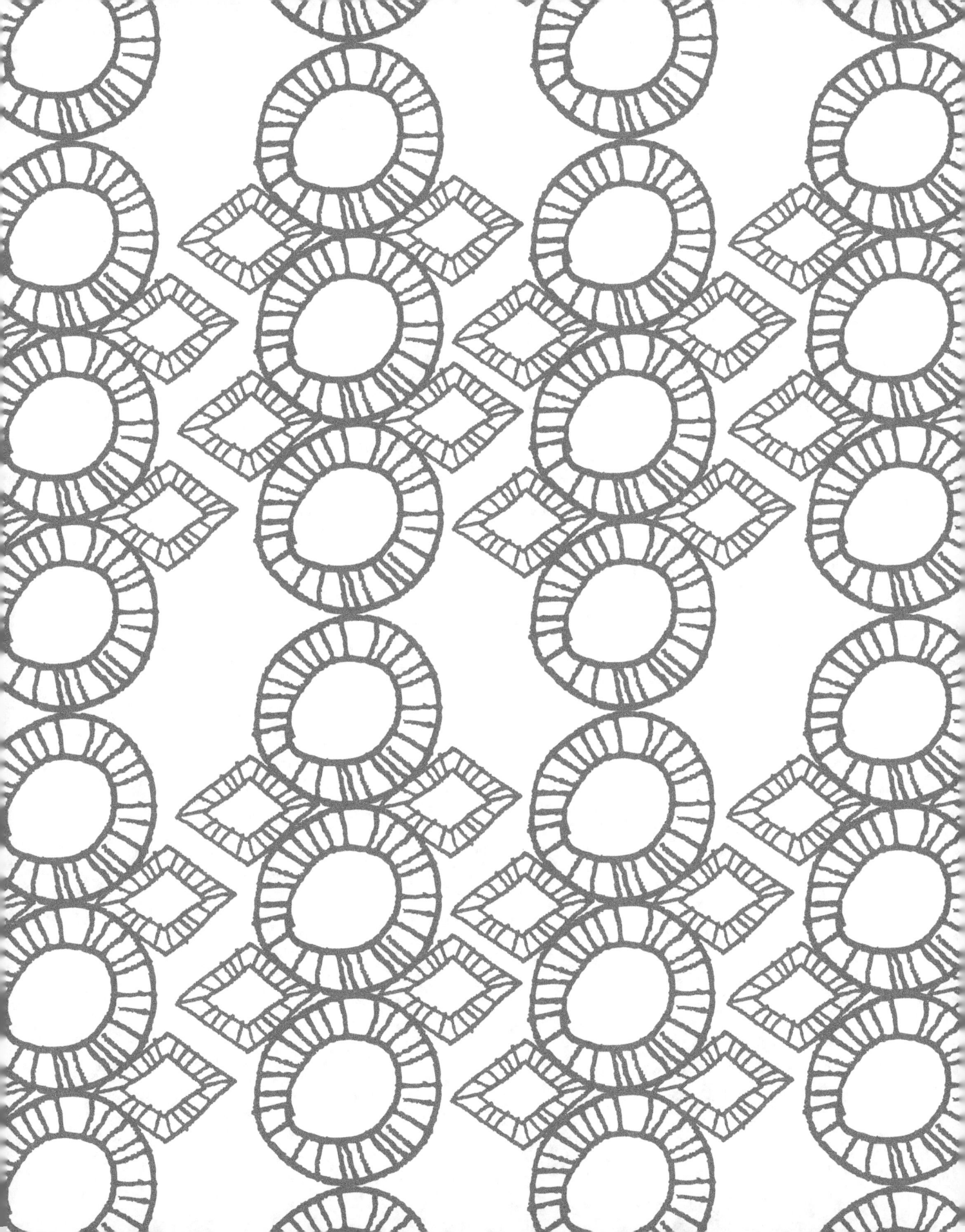

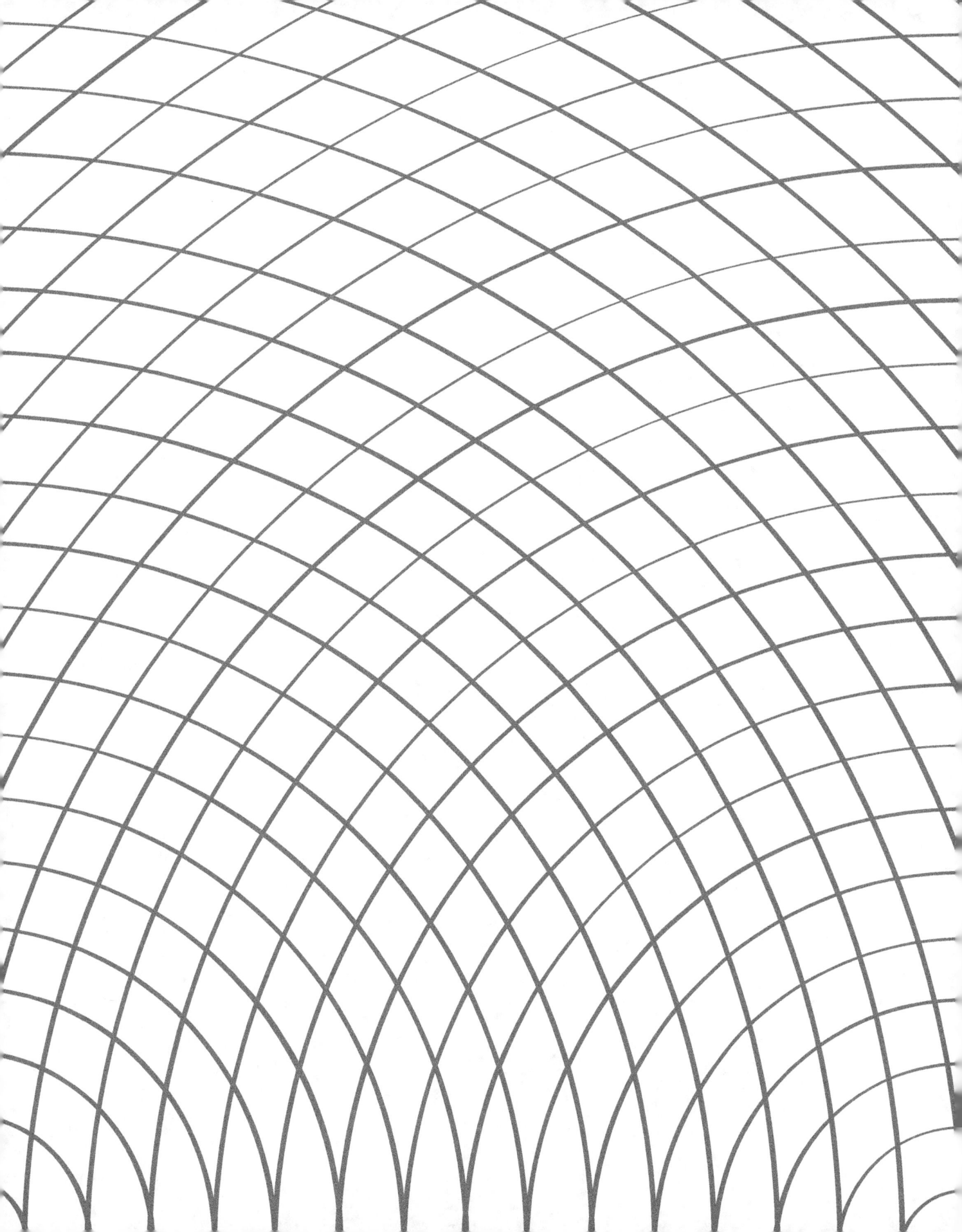

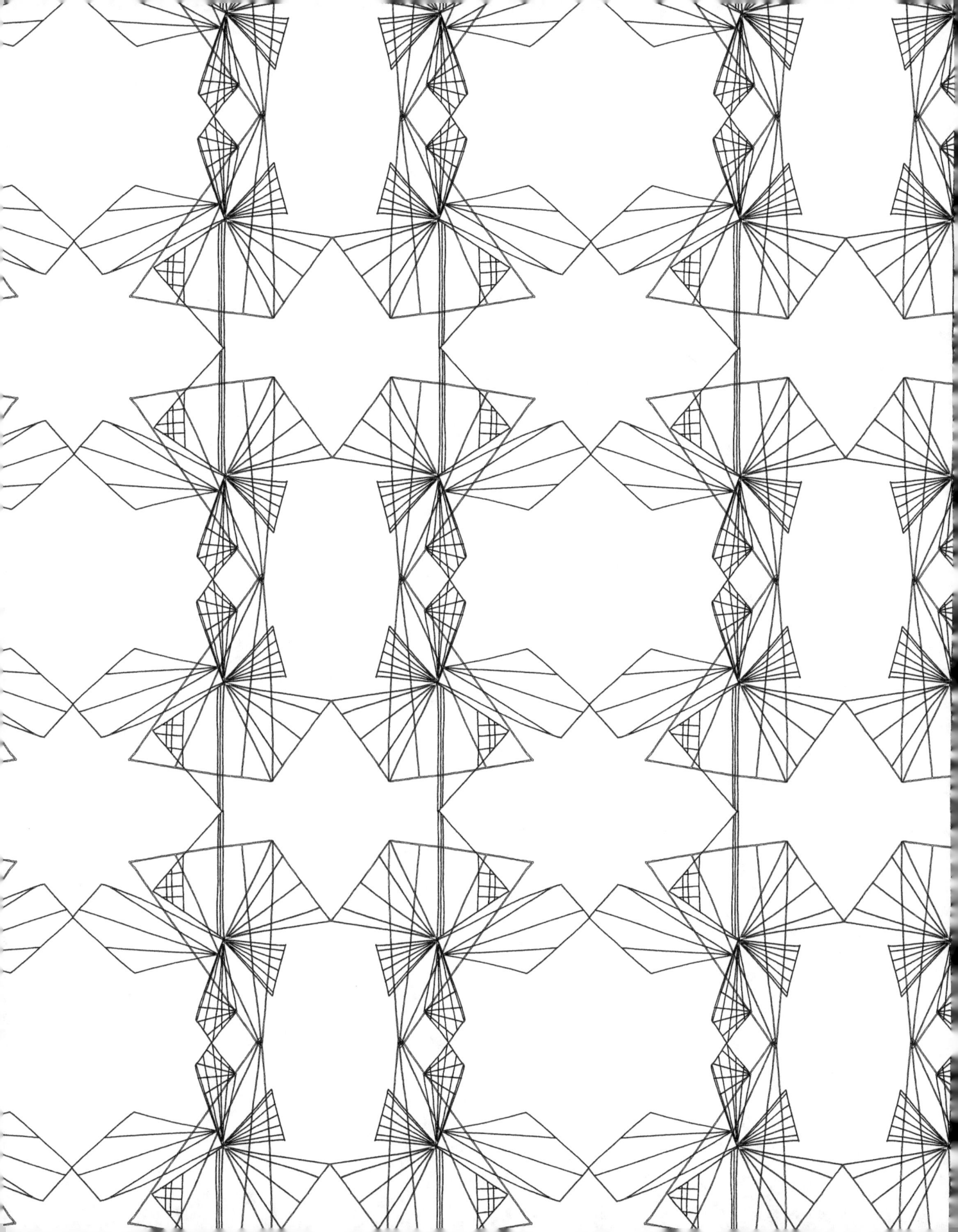

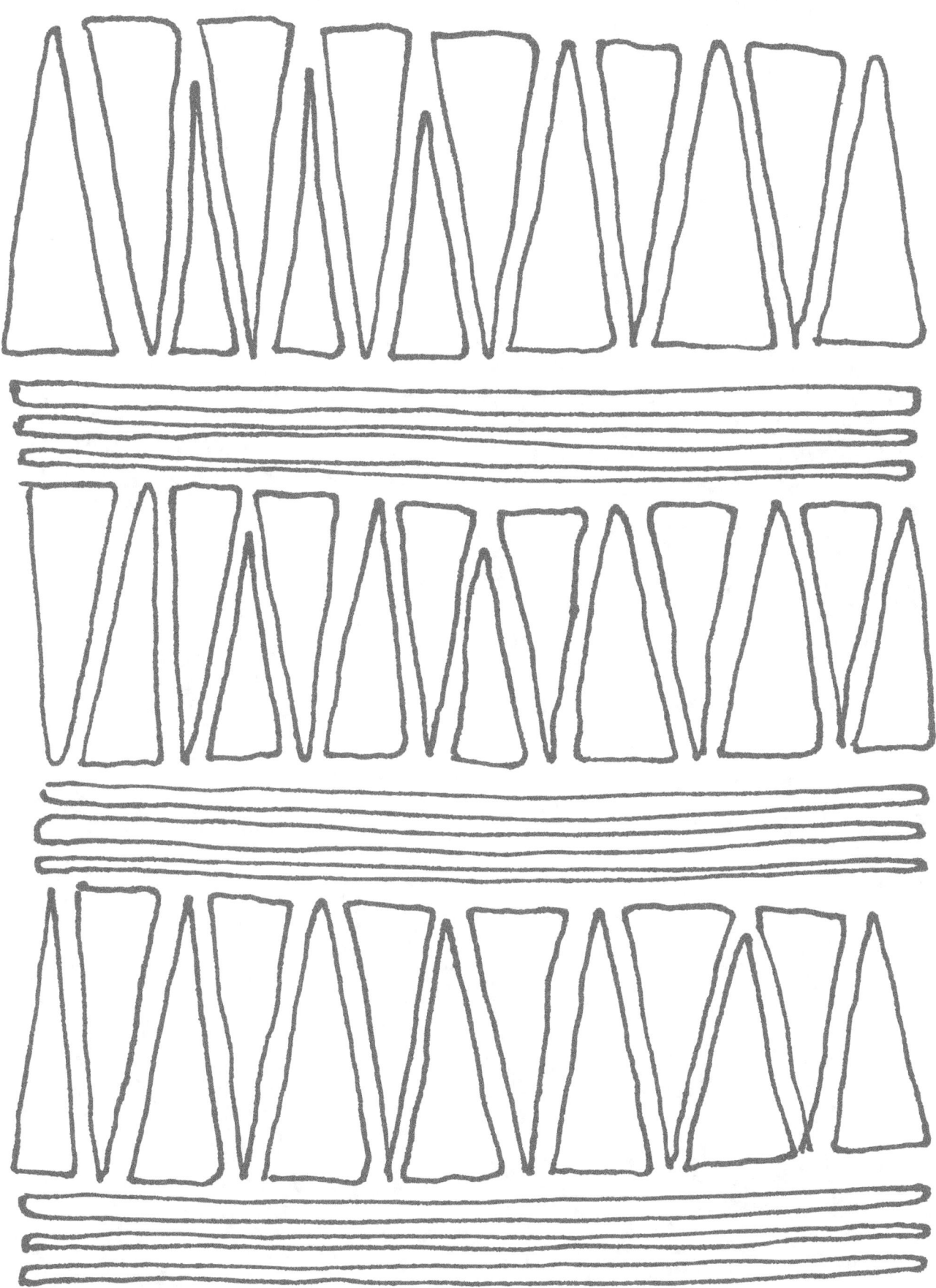

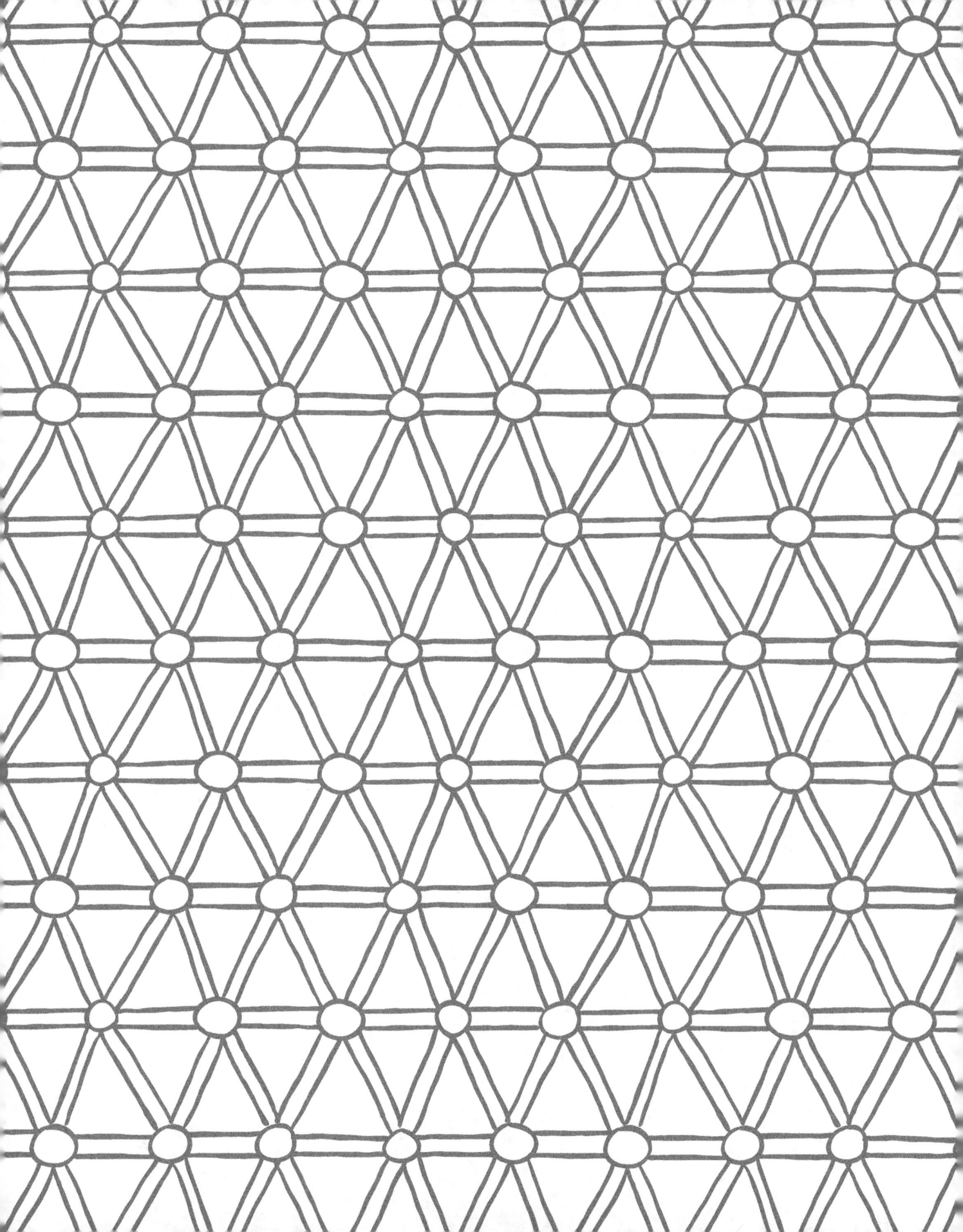

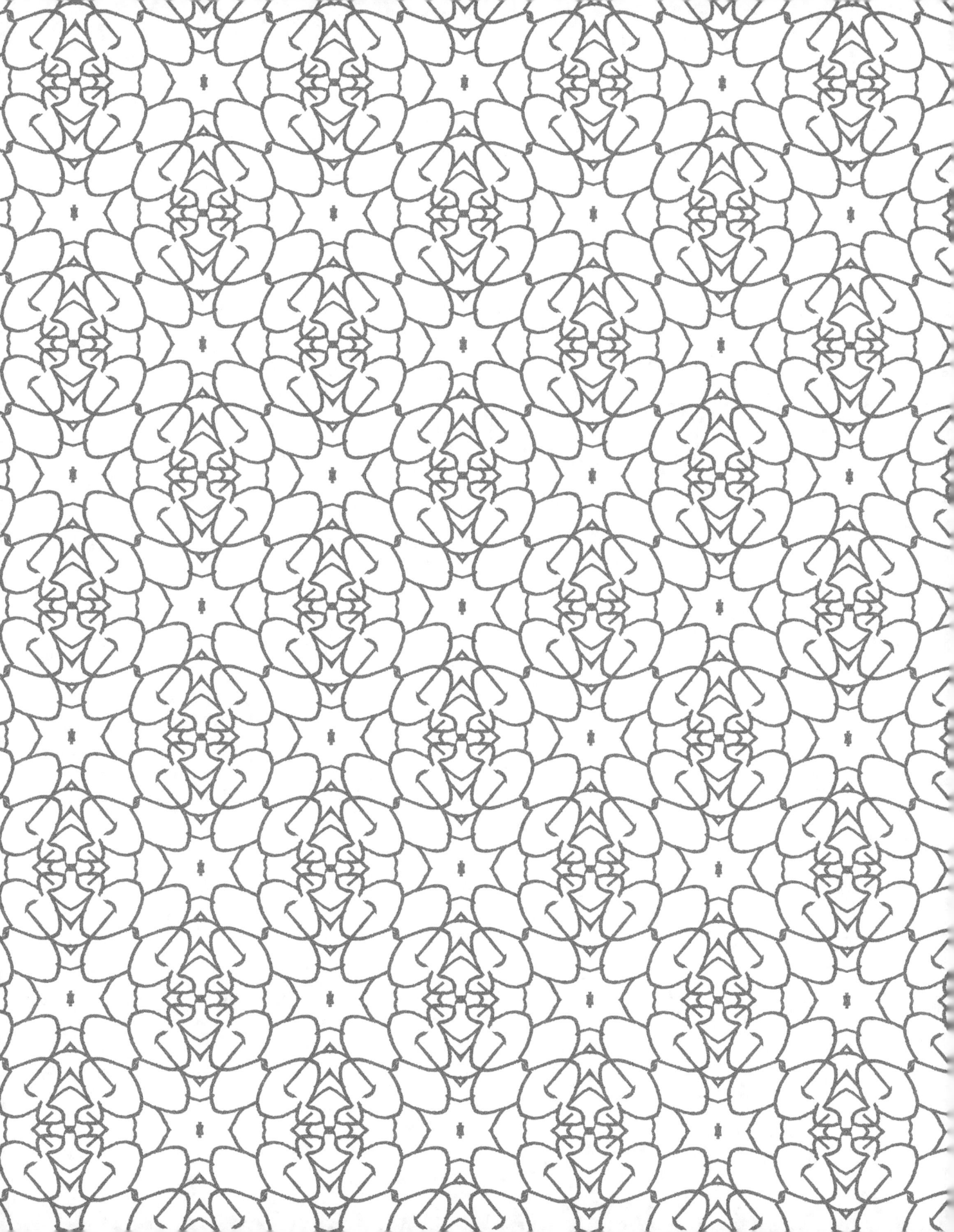

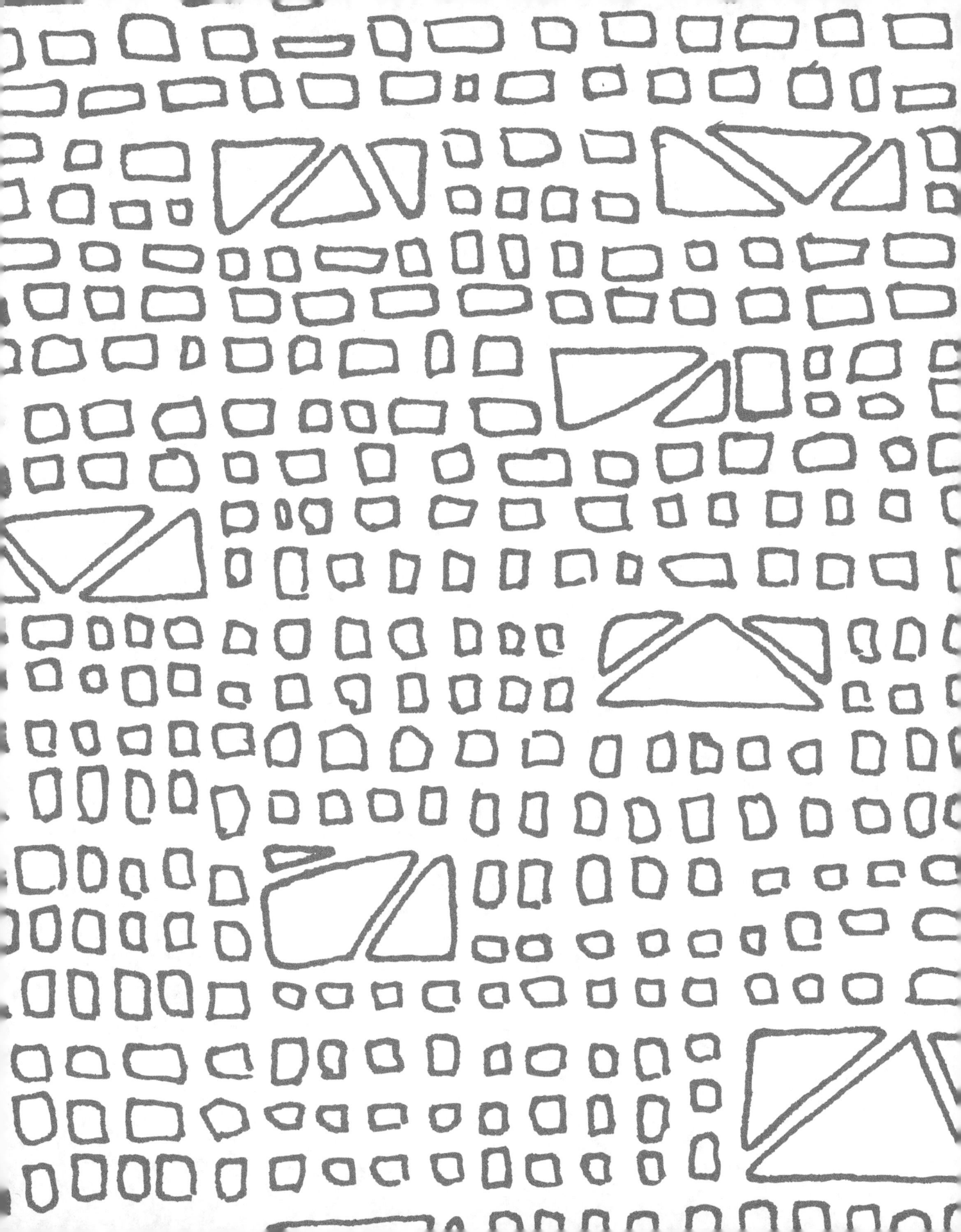

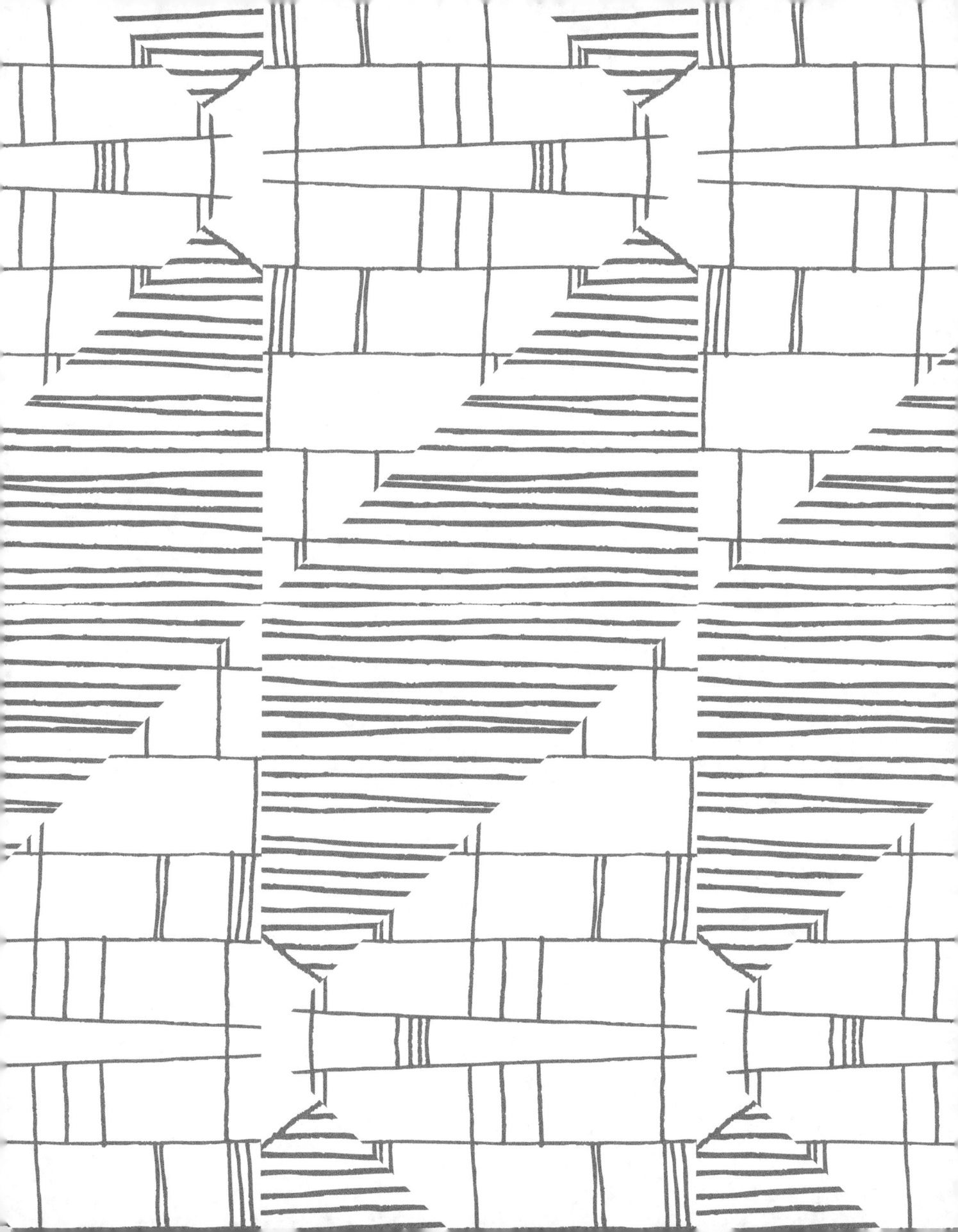

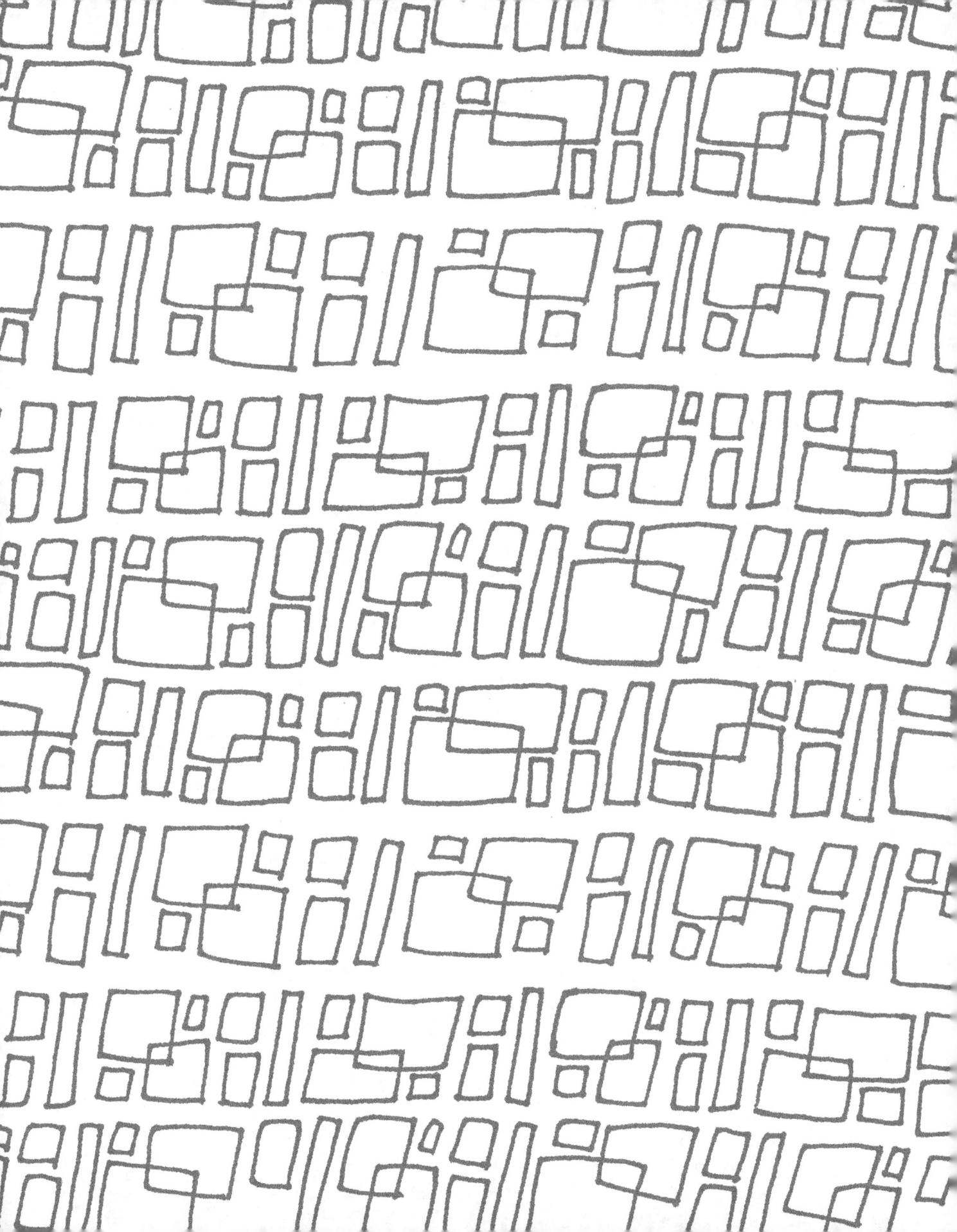

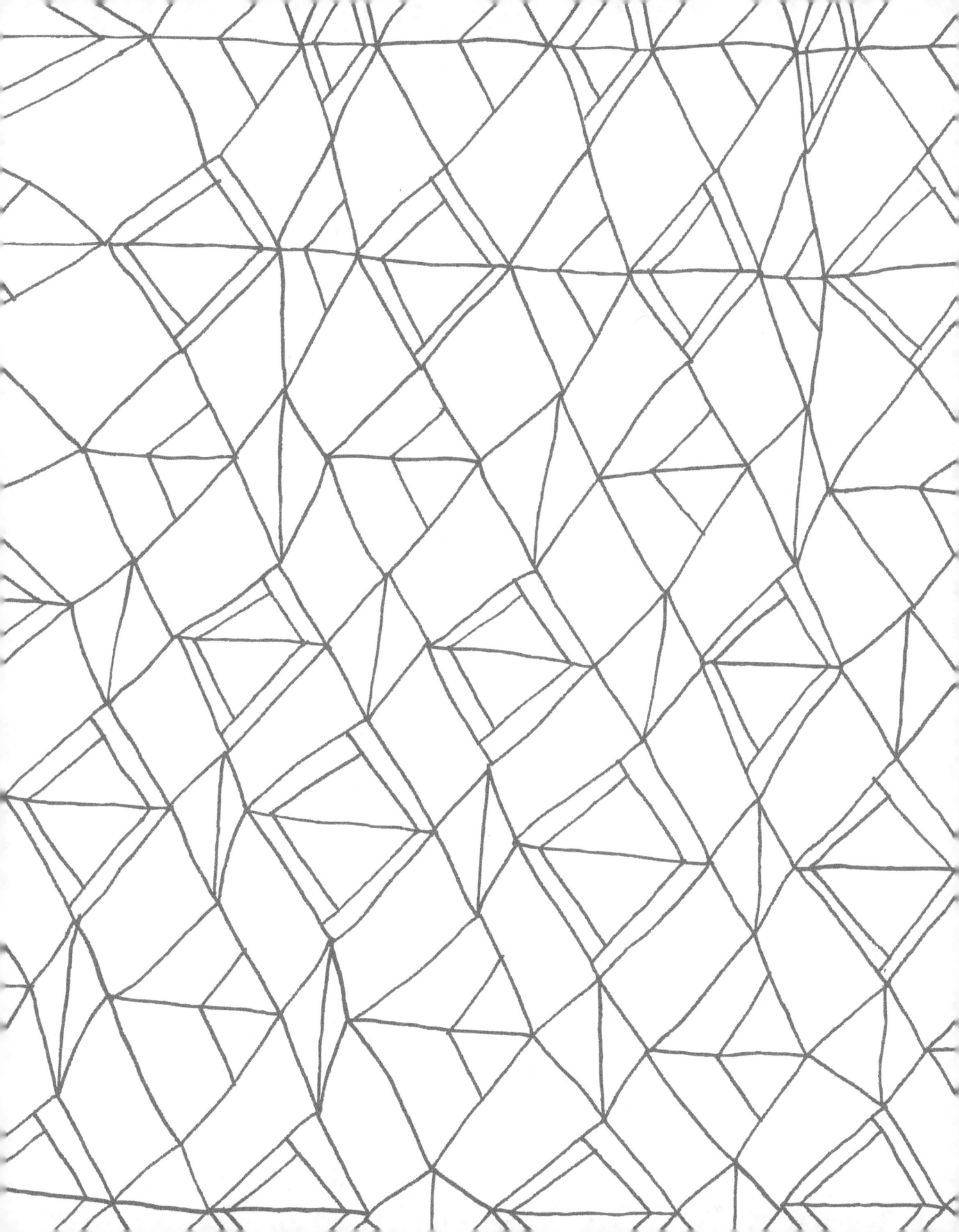

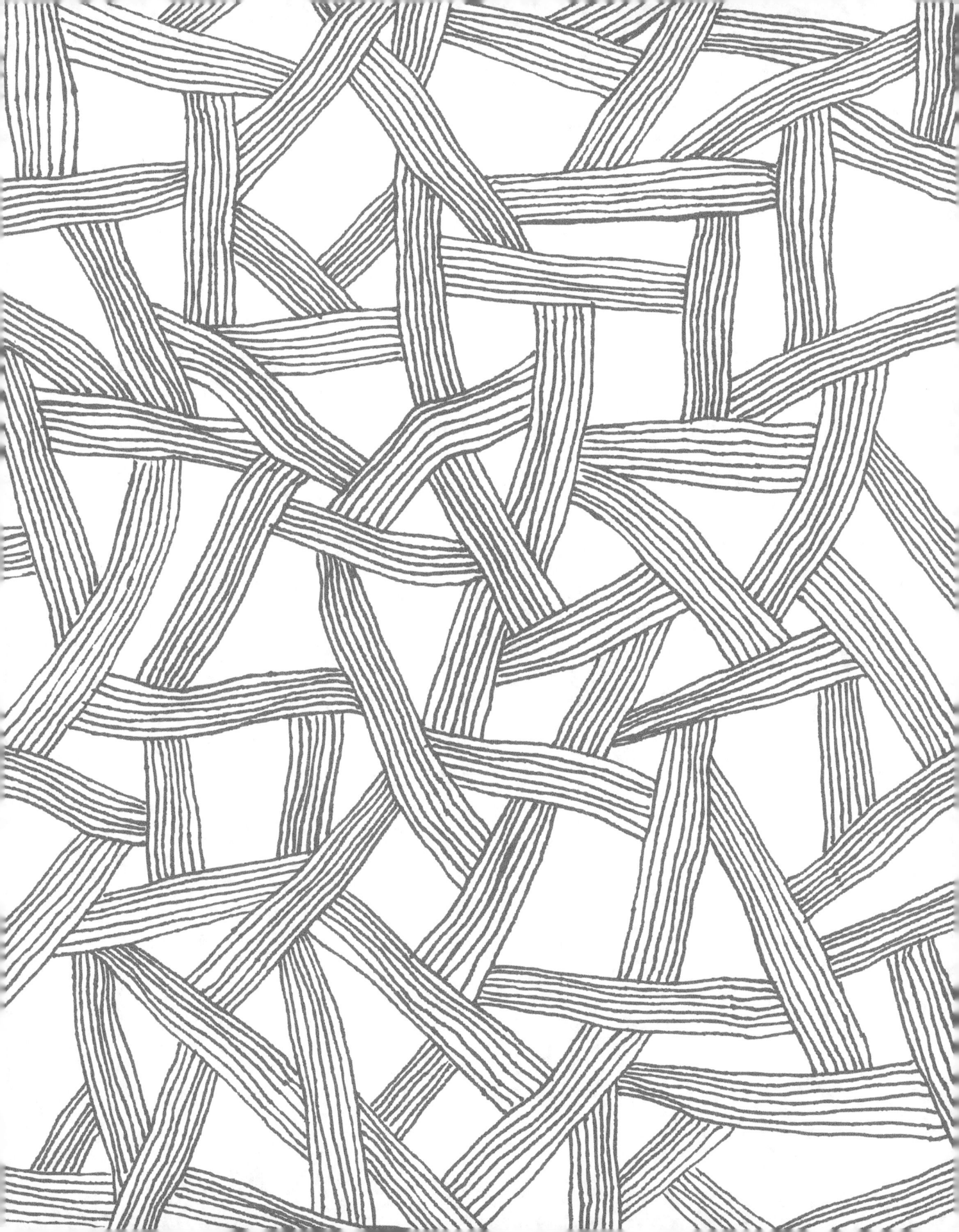

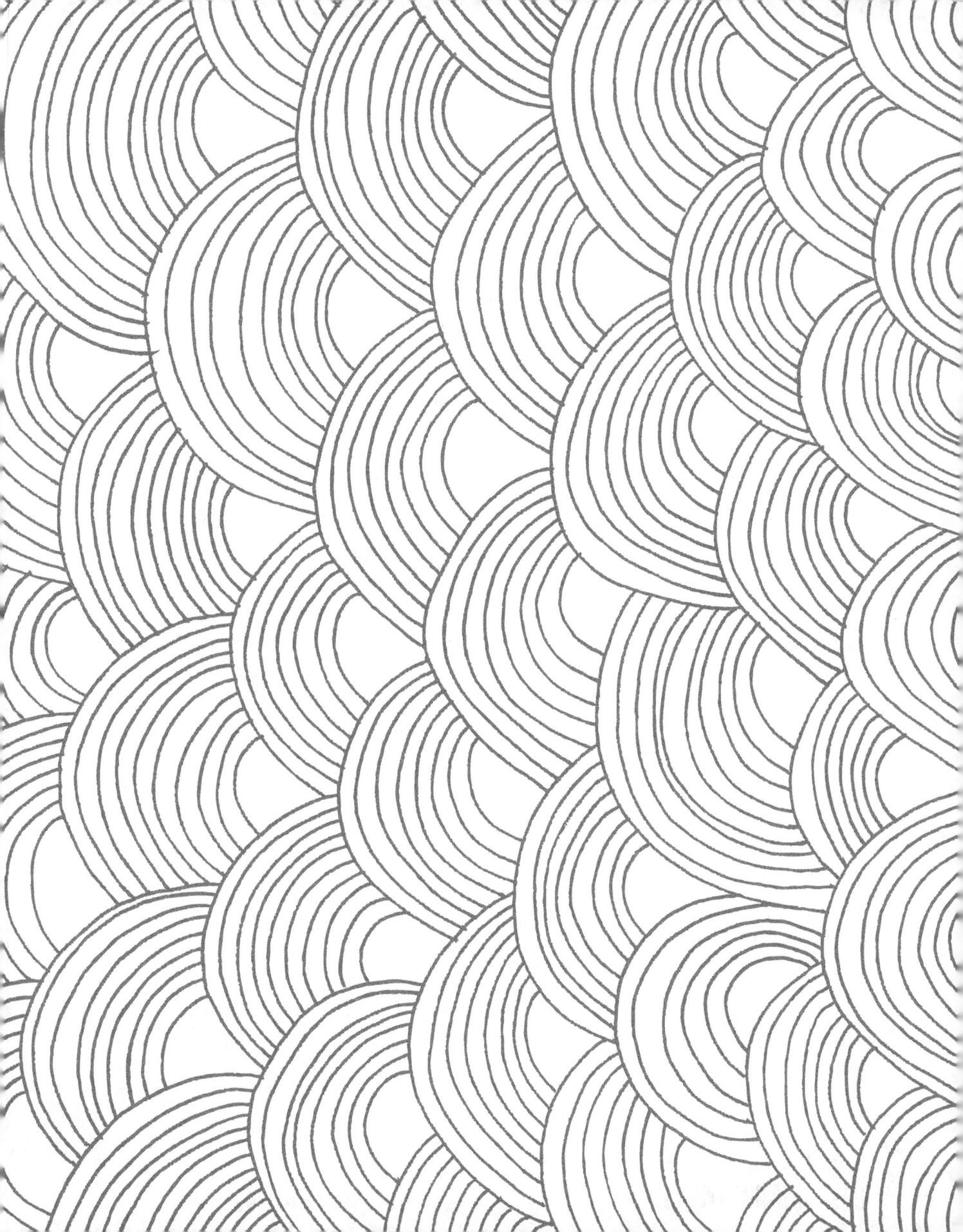

www.ingramcontent.com/pod-product-compliance
Lightning Source LLC
Chambersburg PA
CBHW081016170526
45158CB00010B/3060